# CRITIQUE DE L'OPERA,

OV

EXAMEN DE LA TRAGEDIE intitulée ALCESTE, ou le Triomphe D'ALCIDE.

*par M. Perrault.*

A PARIS,
Chez CLAUDE BARBIN, au Palais, fur le second Perron de la Sainte Chappelle.

———

M. DC. LXXIV.
AVEC PERMISSION.

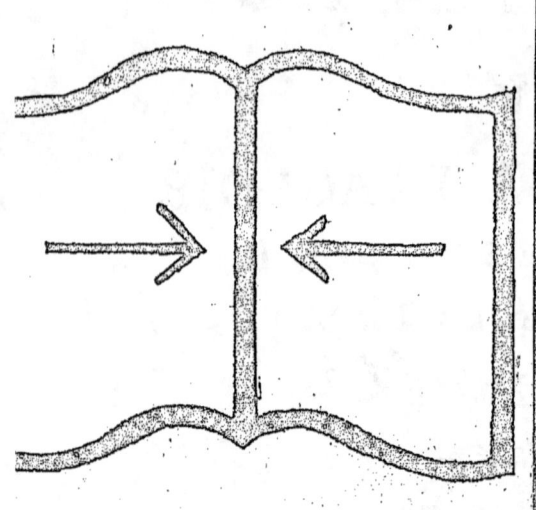

RELIURE SERREE
Absence de marges
intérieures

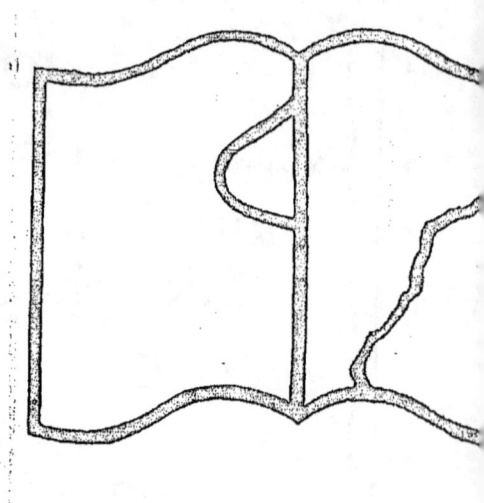

Texte détérioré
Marge(s) coupée(s)

VALABLE POUR TOUT OU PARTIE DU
DOCUMENT REPRODUIT

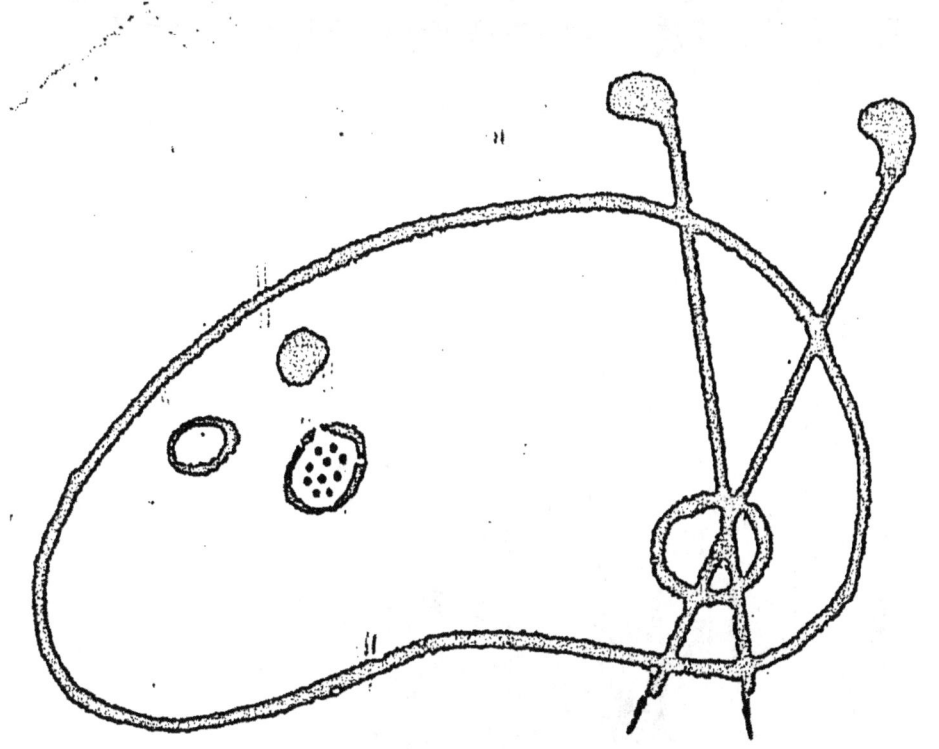

Couvertures supérieure et inférieure en couleur

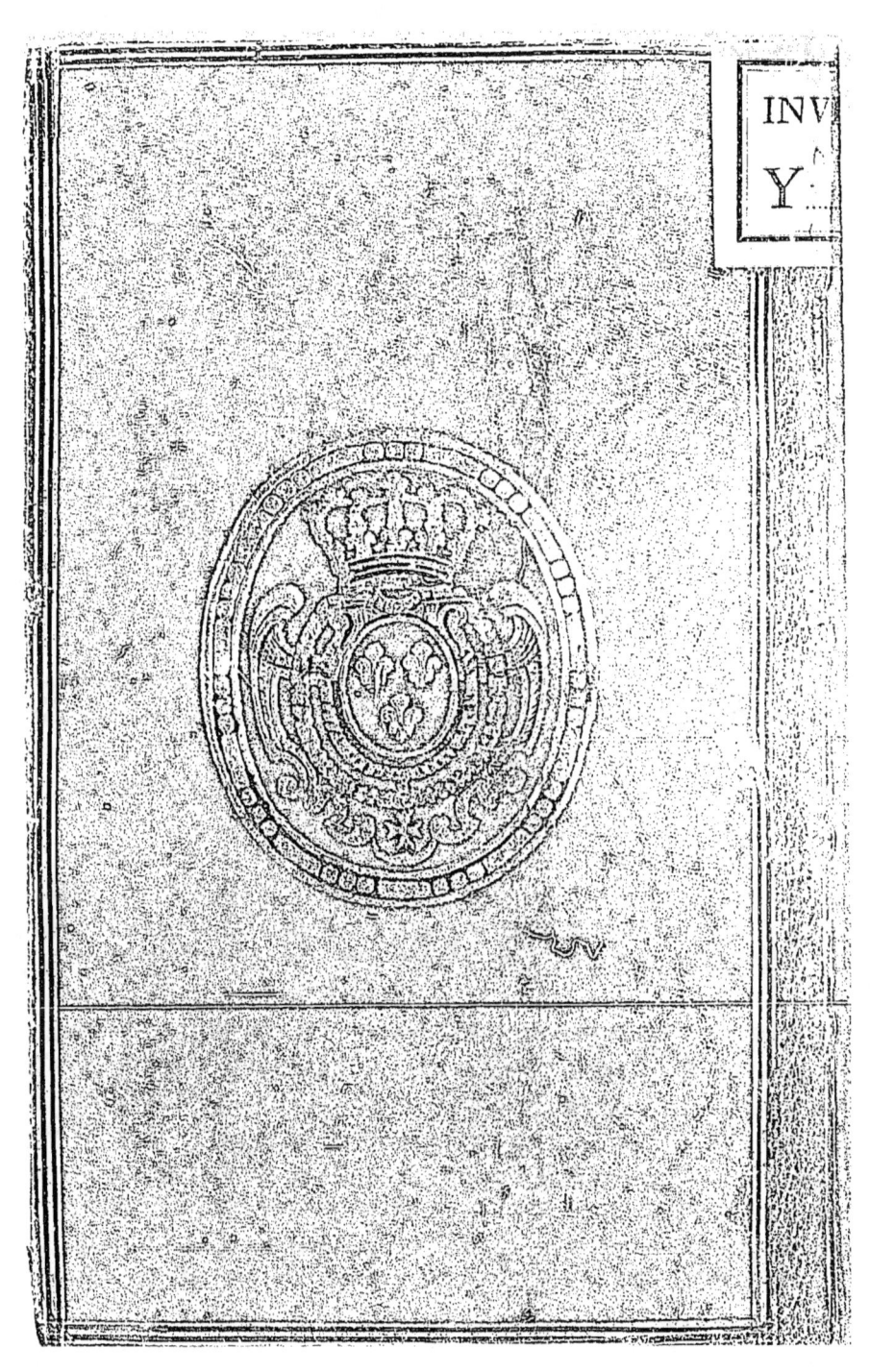

# CRITIQUE
## DE
## L'OPERA,
### OV
EXAMEN DE LA TRAGEDIE
intitulée ALCESTE, ou le
Triomphe D'ALCIDE.

### DIALOGUE.

CLEON E viens de l'O-
pera qui m'a
semblé tres-
beau, & qui m'a fort di-
verty.

ARISTIPPE. Vous vous moquez.

CLEON. Point du tout.

ARISTIPPE. Vous avez donc comme moy donné dans le panneau. Ie l'avois trouvé admirable, & j'y avois pris, ce me sembloit, bien du plaisir; mais Dorilas m'a fait voir qu'il est detestable, & qu'on s'y ennuye effroyablement.

CLEON. Voila ce que c'est que d'estre trop habile. Quand on est parvenu à un certain degré de capacité, on ne prend plus plaisir à rien, & cela me console de mon ignorance, qui fait que je me divertis à bien des choses qui ne divertissent pas les autres.

ARISTIPPE. Ie sçay que vous vous y connoissez, & c'est ce qui m'estonne : Car tout le monde crie contre cette Piece.

CLEON. Tout le monde, c'est trop ; mais pour beaucoup de gens, je le croy. Ie suis persuadé que les Musiciens qui n'y chantent pas, les Comediens des trois Trouppes, les Poëtes qui composent pour le Theâtre, les Partisans du petit Opera, & les amis du Marquis de Sourdiac, trouvent l'Opera mauvais. Et comme ce sont tous gens d'esprit bien receus chez toutes les personnes de qualité, je ne doute point qu'ils ne le fassent aussi trouver mauvais à bien du monde.

ARISTIPPE. Pourquoy voulez-vous qu'ils en parlent mal de deſſein formé, eux qui trouvent que le Cadmus eſtoit beau, & qui le regrettent tous les jours.

CLEON. Le Cadmus ne leur fait plus de mal, & ils en font l'Oraiſon funebre volontiers. Mais afin que nous nous entendions, eſt-ce de la Poëſie, de la Muſique, ou des Decorations, que vous voulez parler.

ARISTIPPE. Ie n'entends parler que de la Poëſie : Car pour la Muſique & les Decorations, j'en ſuis aſſez content.

CLEON. Croyriez-vous bien que l'approbation que cette

Piece a receuë à la Cour quand elle y a esté repetée, est cause en partie du décry où elle est dans la Ville, & où l'a mise la Cabale pour se vanger du chagrin qu'elle en a eu. De combien pensez-vous qu'une Piece empire à l'égard de certaines gens, à chaque repetition qu'on en fait à la Cour, sur tout quand ces repetitions sont suivies de loüanges & d'applaudissemens. L'Autheur pensa en estre étranglé à l'issuë de l'une de ces repetitions, & en fut traité du plus ignorant de tous les hommes.

ARISTIPPE. Si ces Messieurs disoient en general, que l'Alceste ne vaut rien, je pense bien qu'il ne faudroit pas les en croire sur leur parole. Mais ils font voir par le détail, en quoy cette Piece est defectueuse, tant pour la conduite du sujet, qui est miserable, que pour la versification, qui fait pitié. Ils font voir que l'Autheur a tout gasté, en ne mettant pas dans sa Piece ce qu'il y a de plus beau dans Euripide, & en y ajoûtant des Episodes ridicules, mal liez & mal assortis au sujet. Ils font aussi remarquer la pauvreté de chaque endroit où l'on ne voit que redites de tendresse, jeunesse, saison, raison, &c.

CLEON. Avant que de parler des vers & des chansons, parlons du sujet. J'ay eu la curiosité pour me rafraîchir la memoire de la Fable d'Alceste, de relire avec soin la Comedie qu'Euripide en a composée. Ie vais vous en faire l'abregé ; Ensuite je feray celuy de l'Alceste de l'Opera ; apres quoy nous verrons ce que l'Autheur a retranché d'Euripide, & ce qu'il ajoûte de son invention ; puis nous jugerons quel blâme ou quelle loüange il merite, d'en avoir usé de la sorte.

Aristippe. Tres-volontiers ; car voila le nœud principal de l'affaire.

Cleon. Euripide fait venir d'abord sur le Theâtre Apollon & la Mort, qui discourent ensemble. Apollon dit qu'il a obtenu des Parques qu'Admette ne mourra point, pour-

A iiij

veu qu'il trouve une personne qui veüille mourir pour luy. Il ajoûte, qu'il ne s'est trouvé que sa femme qui ait eu assez de courage & assez d'amitié pour faire une si belle action. La Mort luy demande s'il ne vient point encore luy enlever Alceste : Surquoi il luy dit que non ; mais qu'Hercule viendra qui touché de pitié, ira la luy reprendre entre les bras malgré qu'elle en ait.

Ensuite une Suivante d'Alceste paroist, qui raconte comment sa Maistresse se dispose à la mort. Elle remarque entre-autres choses, qu'apres avoir fait sa priere à tous les Autels de son Palais, & avoir recommandé ses enfans aux Dieux, sans répandre aucune larme, sans faire le moindre soûpir, ny mesme sans changer de couleur; elle s'est enfin jettée sur son lict, où faisant reflexion que c'est là qu'elle a perdu sa virginité, & que peut-estre une autre femme plus heureuse qu'elle, remplira bien-tost sa place, elle se fond en larmes, & fait retentir tout le Palais de cris & de sanglots. Le Chœur fait son devoir là-dessus de pleurer, de gemir, & de loüer la vertu d'Alceste.

ACTE II. Admette & sa femme viennent sur le Theâtre, & font leurs regrets de part & d'autre. Alceste regrette la lumiere du Soleil, les beautez de son Palais, & surtout le lict Nuptial. Admette voyant qu'elle s'attendrit, l'exhorte à avoir courage, & à ne pas faire une lâcheté; il luy represente qu'il s'en va mourir, & que Caron le va prendre si elle ne se haste. Alceste prie son mary d'avoir soin de ses enfans, & de se souvenir d'elle: ce qu'il luy promet, & mesme de faire faire une figure de sa grandeur, & la plus ressemblante qu'il se pourra, pour la coucher avec luy, & l'embrasser toutes les nuits. Il luy promet encore qu'il se privera de tous plaisirs; qu'il n'ira plus en festin avec ses amis, & qu'il ne jouëra plus du Luth ny de la Flute. Il luy fait encore quelques amitiez, la conjurant toûjours de se haster de mourir; ce qu'elle fait enfin. Eumelus son fils pleure amerement avec son pere: Ils disent de tres-belles choses avec le Chœur, qui de son costé est aussi tres-fecond en moralitez.

ACTE III. Hercule arrive, qui demande au Chœur la demeure d'Admette, & luy conte qu'il vient pour tuer les chevaux de Diomede. Admette sort de son Palais; & pour ne pas empescher Hercule de loger chez luy, il luy dissimule la mort de sa femme; luy disant que l'affliction où il le voit, & toute sa maison, vient de la mort de l'une de ses domestiques. Ensuite il le fait entrer chez luy, & donne ordre qu'on le traite le mieux qu'il se pourra. Surquoy le Chœur fait l'Eloge de sa grande hospitalité.

Pheres pere d'Admette survient, pour consoler son fils. Admette luy dit qu'il ne reçoit point sa consolation ; qu'il ne la point prié de venir ; qu'asseurément il n'est point son pere ; qu'il meure quand il voudra, qu'il ne l'ensevelira jamais ; qu'il est un poltron de n'avoir pas eu le courage de mourir pour luy, & un impudent d'oser se montrer apres une si grande lâcheté. Pheres luy represente qu'il perd le respect ; qu'il doit considerer qu'il n'a qu'un pere, & qu'il peut avoir plusieurs femmes. Et qu'enfin, c'est luy-mesme qui est le meurtrier d'Alceste, puisqu'il a souffert qu'elle soit morte pour luy, le pouvant empescher.

ACTE IV. Un valet vient sur le Theâtre, qui dit ; Que depuis qu'il est au service d'Admette, il a eu soin de traiter bien des Hostes de tout païs : mais qu'il n'en a jamais veu un si déraisonnable & si brutal que celuy qui vient d'arriver, qui sçachant l'affliction où l'on est dans la maison, chante cent chansons impertinentes à gorge déployée, apres s'estre enyvré tout seul dans sa chambre ; ce qui joint aux cris & aux pleurs de tous les domestiques, fait une musique effroyable. Il ajoûte que ce qui le fâche le plus, est que le service qu'il est obligé de rendre à ce voleur, à ce méchant homme, luy empesche de rendre les derniers devoirs à sa Maistresse.

Hercule sort, & remarquant le visage chagrin du valet, luy reproche d'en user ainsi envers un Hoste; Il luy dit qu'il doit songer que nous sommes tous mortels, & qu'ainsi il feroit mieux de se réjoüir, de boire, & de faire l'amour; & là-dessus il le convie d'entrer dans le logis pour boire ensemble. Le valet le remercie, & luy declare que c'est Alceste mesme qui eſt morte, & que c'eſt ce qui le rend ſi triſte. Hercule touché de la grande hoſpitalité d'Admette, qui luy a diſſimulé ſon affliction pour ne pas l'éloigner de chez luy, prend la reſolution d'aller retirer de force Alceſte d'entre les bras de la Mort, qu'il fait eſtat de rencontrer dans ſon tombeau beuvant le ſang des Victimes immolées. Admette revient avec le Chœur; Ils font enſemble des lamentations les plus morales, mais les plus amples, qui ſe puiſſent jamais faire.

Hercule rameine Alceſte, qu'il a retirée d'entre les bras de la Mort comme il ſe l'eſtoit promis, & qu'il a voilée pour n'estre pas connuë de son mary. Il se plaint à Admette de luy avoir celé son affliction; En suite il le console, & luy propose d'épouser cette femme qu'il ameine avec luy, qu'il dit avoir gagnée à un combat de lutte, dont elle estoit le prix. Admette le remercie, luy declarant qu'il n'aimera jamais rien ayant perdu sa chere Alceste. Apres plusieurs témoignages de constance & de fidelité dont Alceste doit estre tres-contente, Hercule luy oste son voile & la presente à Admette; ce qui comble de joye ces deux époux, & met heureusement fin à toute la Piece. Voilà en substance l'Alceste d'Euripide.

Voyons

Voyons presentement de quelle sorte nostre Autheur a traitté cette mesme Tragedie. Hercule, & Lycas son confident, viennent sur le Theâtre dans le temps que tout retentit d'acclamations de joye pour les Nopces d'Admette & d'Alceste qu'on conduit au Temple pour les marier. Hercule declare à Lycas qu'il aime Alceste, & qu'il est resolu de s'en aller pour n'estre pas present à une ceremonie si des-agreable pour luy. Neanmoins Lycas luy ayant representé que sa fuite feroit trop de bruit, il consent de demeurer jusqu'à la fin du jour. Straton, confident de Licomede, Rival d'Admet, vient au moment qu'Hercule se retire. Il se plaint à Lycas de ce qu'il aime Cephise confidente d'Alceste, qui luy a promis amitié. Lycas luy répond que s'il est aimé d'elle, il ne doit point se plaindre, rien n'estant plus agreable qu'un Rival qui n'est pas aimé. Cephise qui survient, demeure d'accord d'avoir fait une infidelité à Straton, & luy conseille d'estre inconstant comme elle ; parce qu'à son avis, rien n'est plus plaisant que l'inconstance. Lycomede Roy de l'Isle de Sciros, voisine de la ville d'Iolcos, où est la Scene, paroist: Il asseure Cephise que son amour pour Alceste s'est changée en amitié, en perdant l'esperance de la posseder ; & que pour en donner des marques, il veut regaler les Epoux sur ses Vaisseaux, par une Feste marine qu'il a preparée. Cette Feste commence par des Tritons & des Nymphes, qui chantent à l'arrivée des Epoux. Lycomede tenant Alceste par la main, entre dans un Vaisseau suivi de Cephise & de Straton ; & dans le moment qu'Admette & Hercule veulent le suivre, le Pont s'enfonce dans l'eau, & le Vaisseau s'éloigne du rivage. Thetis, sœur de Lycomede, sort de la mer; & menaçant les deux Heros qui veulent poursuivre le Ravisseur, predit à Admette qu'il sera blessé à mort dans sa pourfuitte; & aussi-tost fait élever les vagues de la mer par les Aquilons qui l'accompagnent, pour arrester les Vaisseaux d'Admette. D'un autre costé Eole paroist avec les Zephirs, qui calment la tempeste, & promet aux Heros une heureuse issuë de leur entreprise.

ACTE II. Straton reproche encore à Cephise son infidelité, dont elle se défend, en disant; Qu'elle ne luy a donné un Rival que pour réveiller son amour. Lycomede paroist avec Alceste, à qui il declare qu'il ne la rendra jamais à son Epoux, & la contraint d'entrer avec luy dans la Ville, qu'Hercule & Admette, &

toute leur fuitte, attaquent fi vigoureufement, qu'ils l'emportent d'affaut. Lycomede y eft tué par Admette, lequel eft auffi bleffé à mort par Lycomede. Hercule remet Alcefte entre les mains de Pheres, qu'il a delivrée pour la rendre à fon mary, & fe retire, craignant d'eftre trahy par fon amour. Admette paroift foûtenu fur les bras de fon Ecuyer, & bleffé à mort; mais content de mourir, puifqu'Alcefte n'eft plus captive. Apollon defcend environné des Arts, & promet à Admette qu'il ne mourra point, s'il peut trouver quelqu'un dans fon Royaume qui veüille donner fa vie pour luy. Il ajoûte, que pour y exciter ſes Sujets, il va faire conſtruire un Temple par les Arts, où la figure de la perſonne qui fera une action ſi genereuſe, ſera élevée & honorée eternellement.

ACTE III. Alceſte voyant que perſonne ne veut mourir pour Admette, que Pheres s'en excuſe parce qu'il eſt trop vieux, Cephiſe parce qu'elle eſt trop jeune, &c. Elle prend la reſolution de mourir, & l'amour luy fait faire ce que la nature, le devoir, & l'amitié, n'ont oſé entreprendre. Admette ſe ſentant gueri ſubitement, ſort avec impatience pour ſe réjoüir avec Alceſte, de la vie qui luy eſt renduë: mais jettant les yeux ſur le tombeau que les Arts ont élevé dans le Temple, il voit la figure d'Alceste, & connoist par là qu'elle est morte pour luy. Ce qui le porte à des regrets les plus touchans du monde. Ces regrets sont accompagnez d'une pompe funebre, & de toutes les marques d'une extrême douleur. Hercule vient trouver Admette, & luy asseure qu'il tirera Alceste des Enfers; mais qu'il faut qu'elle luy appartienne ensuite, comme sa conqueste. Admette incertain quel parti prendre, consent enfin qu'elle luy appartienne, aimant encore mieux voir sa chere Alceste entre les mains d'un autre, que de ne la revoir jamais.

Diane & Mercure facilitent l'entreprife d'Hercule, & luy ouvrent un paffage aux Enfers.

ACTE IV. Caron paroift conduifant fa Barque, où plufieurs ombres demandent d'être receuës. Hercule arrive, qui entre dedans mal-gré luy, & fe fait paffer à l'autre rive. Le Theâtre change, & l'on voit Pluton, Proferpine, & toute leur Cour, qui regalent l'ombre d'Alcefte de tout ce qui peut y avoir d'agreable & de curieux dans les Enfers, en confideration de la belle action qu'elle a faite de mourir pour un autre, & avant l'heure que les Deftins luy avoient marquée. Alecto vient avertir qu'un qu'un Mortel force les Enfers ; Pluton commande qu'on déchaîne Cerbere ; Hercule le surmonte, & dit à Pluton qu'il ne vient point pour luy nuire, mais pour ramener Alceste au monde, conduit par l'Amour, à qui rien ne doit & ne peut resister. Pluton luy rend Alceste, & les fait asseoir l'un & l'autre sur son Char, pour les remettre sur la Terre.

ACTE V. Le Theâtre represente un Arc de Triomphe, dressé pour honorer Hercule vainqueur des Enfers. Il paroist amenant Alceste, & est receu aux acclamations du peuple. Straton est remis en liberté ; mais sur ce qu'il demande ensuite à Cephise qu'elle choisisse ou Lychas, ou luy, pour son mary. Cephise répond, qu'elle veut aimer toûjours, & pour cela n'épouser jamais. Hercule remarquant qu'Alceste a toûjours les yeux tournez sur Admette, luy en fait reproche. Mais voyant l'extrême peine qu'ils souffrent l'un & l'autre à se voir separer, il prend une genereuse resolution de ne pas troubler davantage la joye de ces deux Amans; & considerant qu'apres avoir défait les tyrans, il ne doit pas estre un tyran luy-mesme; mais qu'il doit couronner la victoire qu'il a remportée de la Mort & de l'Enfer, par une autre plus belle & plus difficile, qui est la victoire de soy-mesme. Il quitte Alceste & son Epoux pour l'amour de la Gloire sa veritable Maistresse. Apollon descend avec les Muses & les Arts, pour honorer les Nopces d'Admette & le Triomphe d'Hercule ; Ce qui finit la Piece.

Bien que l'Autheur de l'Alceste de l'Opera ait retranché beaucoup de choses de celles qui sont dans Euripide, & qu'il en ait ajoûté aussi beaucoup de son invention, comme il paroist par l'abregé que nous venons de faire de ces deux Pieces; Neanmoins, les choses principales qu'il a retranchées, se peuvent reduire à celles-cy. La Scene d'Apol-

Ion & de la Mort. Le recit que fait une Suivante des regrets d'Alceste dans son Palais. L'entretien d'Alceste & d'Admette en se disant adieu. L'entretien d'Admette & de son pere. Le discours d'un Valet qui se plaint de la brutalité d'Hercule. Et enfin, la maniere dont Hercule rend Alceste à Admette, en la luy amenant voilée pour éprouver sa fidelité. Les choses principales que l'Autheur a ajoûtées de son invention, se peuvent aussi reduire à celles-cy. L'amour qu'il donne à Hercule pour Alceste. L'amour & la trahison de Lycomede. Les amours & l'inconstance de Cephise. La blesseure mortelle qu'Admette reçoit en delivrant Alceste. La recompense proposée par Apollon d'un monument eternel, à celuy qui mourra pour Admette. La surprise d'Admette en voyant la figure d'Alceste, qui luy fait connoistre qu'elle est morte pour luy. Et en dernier lieu, la Victoire qu'Hercule remporte sur luy-mesme, en cedant Alceste à son Epoux.

Voyons presentement quelle loüange ou quel blâme l'Autheur merite d'en avoir usé comme il a fait. Commençons par la Scene d'Apollon & de la Mort, qu'il a retranchée.

S'il est vray qu'une des plus

grandes beautez des Pieces de Theâtre, consiste dans la surprise agreable des évenemens, & dans la joye de se voir delivré par un dénouëment ingenieux de l'embarras & de l'inquietude où nous a mis l'intrigue & le nœud de la Piece. Il est certain que cette Scene d'Apollon & de la Mort, où l'on apprend qu'Hercule viendra retirer Alceste d'entre les bras de la Mort, pour la rendre à son Epoux, nous oste entierement ce plaisir, parce qu'il n'arrive rien dans la suite dont l'on n'ait esté pleinement averty par le discours qu'ils font ensemble. Ainsi je ne croy pas que nostre Autheur puisse estre blâmé d'avoir retranché cette Scene.

ARISTIPPE. Et moy, je ne trouve rien de mieux pensé que le Dialogue de ces deux Divinitez, qui donne l'intelligence de toute la Piece, d'une maniere tres-ingenieuse.

CLEON. Si le Dialogue de ces deux Divinitez n'alloit qu'à informer les Spectateurs de ce qui s'est passé jusqu'au moment que la Piece commence, & mesme si vous voulez, à donner entendre confusément, & à deviner, ce qui doit arriver dans la suite, je loüerois cette invention. Mais d'en avoir declaré distinctement le nœud & le dénouëment, c'est avoir dérobé aux Spectateurs tout le plaisir qu'ils auroient eu dans la suite, & leur avoir osté toute leur attention & toute leur curiosité.

Passons, s'il vous plaist, au recit de la Suivante. Je croy bien qu'en Grece, on pouvoit prendre plaisir à voir une Princesse deja sur l'âge, & ayant des enfans à marier, qui pleure sur son lict dans le souvenir de sa virginité qu'elle y a perduë. Car les mœurs de ce temps-là le pouvoient permettre; mais je suis asseuré que cela n'est point du tout au goust de nostre Siecle, qui estant accoûtumé à ne voir sur le Theâtre que des Amans jeunes, galans, &

qui ne sont point mariez, auroit eu bien du mépris pour des tendresses de cette Epouse surannée.

Il auroit esté aussi difficile que les Spectateurs n'eussent éclaté de rire ; mais d'un ris scandaleux, & qui eust fait rougir les Dames sur l'endroit du recit de la Suivante, où elle remarque que sa Maîtresse dit adieu à la lumiere, à la vie, à ses enfans, sans jetter une seule larme, & sans qu'il paroisse aucune alteration sur son visage ; Mais qu'à la veuë du lict nuptial sur lequel elle se jette, & au souvenir de sa virginité qu'elle y a perduë, elle verse un torrent de pleurs,

& donne toutes les marques d'une extrême douleur. De sorte que si l'on regrette ce recit, ce ne peut estre, que parce qu'on est fâché d'avoir perdu une occasion de rire que nostre Autheur a bien fait d'éviter; outre que des recits de cette nature ne s'accommodent pas au chant qui le rendroit tres-languissant, & tres-ennuyeux.

ARISTIPPE. Ie croy que ceux qui deffendent Eurypide ne manquent pas de bonnes réponses à cette objection. Mais comment peut-on excuser vostre Autheur, d'avoir obmis l'entretien d'Admette & d'Alceste, qui est la plus belle chose du monde, & pour laquelle il semble que toute la Comedie soit faite.

CLEON. Ie vous répondray que cela pouvoit estre admirable chez les Anciens ; & que cela peut estre bon en soy : Car rien n'est plus naturel que les sentimens de ces deux personnes, le mary exhorte sa femme à mourir, & sa femme recule autant qu'elle peut. Mais je suis encore asseuré que ces sentimens-là, tous naturels qu'ils sont, déplairoient bien aujourd'huy, & ne manqueroient point à donner de l'indignation pour Admette, qui a la lâcheté de consentir que sa femme meure pour luy, & du mépris pour la femme, qui est assez simple de donner sa vie pour un mary qui le merite si peu; & c'est ce que nostre Autheur a évité tres-judicieusement, comme nous le verrons dans la suite.

Est-ce une chose d'un bel exemple, de voir Admette qui interrompt Alceste lorsqu'elle luy dit les derniers adieux, pour luy dire qu'elle se haste de mourir; parce qu'il voit, dit-il, la Parque qui le va prendre, si elle ne se haste de faire son devoir. Ie veux croire, si vous voulez, que la Galanterie d'Admette estoit bonne chez les Anciens; mais n'est pas asseurément au goust de nostre Siecle.

ARISTIPPE. Vous m'avoüerez cependant, que ces deux Epoux difent des chofes bien tendres.

Cleon. Ie le croy ; mais j'en viens de remarquer qui ne le font gueres. Et comme il faloit de neceſſité que nôtre Autheur, s'il eût fait cette Scene, euſt auſſi fait confentir Admette à la mort de ſa femme, qui eſt une tres-vilaine action. Ie trouve qu'il n'eſt point blâmable d'avoir fupprimé cette Scene, & qu'il en a bien uſé en faifant prendre à Alceſte la refolution genereuſe de mourir fans la participation de fon Epoux.

Aristippe. Vous direz ce qu'il vous plaira ; mais aſſeurément cette Scene bien traitée, eust fait un bel ornement à la Piece.

Cleon. La difficulté estoit de la bien traiter, & je croy que cela estoit impossible. Mais vos Messieurs ne regrettent-ils point aussi la Scene d'Admette & de son pere, qui, a mon sens, est la chose la plus odieuse qui ait jamais esté mise sur le Theâtre. L'on voit un fils qui traite son pere d'impudent & de lâche, & qui luy reproche avec une effronterie sans égale, de n'avoir pas voulu mourir pour luy, pendant que le mal-heureux & le poltron qu'il est, bien loin de donner sa vie pour un autre, consent non seulement, mais oblige sa femme à mourir en sa place. Ce qui gaste la Piece entierement: Car la mal-honnesteté de ce personnage le rend si méprisable & si haïssable, qu'on n'a point de joye de le voir échapper à la Mort ; qu'on ne peut sçavoir gré à sa femme d'avoir si mal employé sa vie, & qu'on ne peut dans la suite se réjoüir, quand Hercule la luy ramene des Enfers.

Je croy que nous avons presentement à examiner la Scene du Valet, qui raconte de quelle maniere Hercule en use chez son Hoste. Quoy qu'il fust peut-estre permis aux Heros des Anciens, d'estre gourmands & yvrongnes, particulierement aux Heros tels qu'Hercule, dont le caractere consistoit dans la force du corps & dans l'intrepidité de l'ame, parce que ces sortes de vertus sont souvent accompagnées de l'intemperance & de la brutalité. Mais outre que le Valet pousse la chose un peu trop loin, ce n'est plus aujourd'huy l'idée que l'on a d'Hercule. Et le beau monde auroit esté bien surpris, si on luy eût representé le fils de Jupiter, avec les qualitez d'un Crocheteur. Comme il est mal-aisé de s'imaginer qu'un homme aille forcer les Enfers, sans s'imaginer en mesme temps qu'il est remply de beaucoup de vertus, je ne sçay pas comment Euripide

ripide pretendoit disposer les Spectateurs à cette creance en leur donnant à entendre, que ce mesme homme estoit un yvrongne & un brutal.

Il ne nous reste plus qu'à voir si l'on a eu tort de ne se pas servir du mesme moyen dont Hercule se sert pour rendre Admette à son mary, qui est de la luy amener voilée, & d'éprouver sa fidelité en le portant à oublier Alceste pour épouser celle qu'il luy ameine. J'avouë que cét endroit est ingenieux, quoy que l'offre d'une femme qu'on ne voit point touche tres-peu. Mais je doute que cela soit là fort en sa place ; c'est une gentillesse tres-agreable pour une Comedie, & qui fait un dénoüement dont la surprise donne du plaisir; mais cette aimable tromperie qui sieroit bien à un personnage ordinaire, & dans une Piece enjoüée, ne convient guere à un Heros aussi parfait & aussi serieux que le doit estre Hercule, & qui doit s'éloigner également de la tromperie & de la plaisanterie quelles qu'elles soient, comme de deux choses incompatibles avec le caractere des Heros. Passons maintenant à ce que l'Autheur de l'Opera a ajoûté de son invention.

La premiere chose qu'il ajoûta, est l'amour d'Hercule pour Alceste; cét amour m'a semblé bien imaginé, parce qu'il lie encore davantage le personnage d'Hercule au sujet de la Tragedie. Car à moins que la Fable soit connuë, on peut estre surpris de voir Hercule venir si à propos pour retirer Alceste des Enfers, au lieu que le feignant amoureux d'Alceste dés le commencement de la Piece, il est plus naturel de le voir faire cette expedition, tant par le motif de son amour, que pour satisfaire à sa destinée, qui l'avoit fait naistre pour le bien commun du genre humain. De plus, cét amour sert à relever merveilleusement la gloire d'Hercule : Car non seulement on le voit vainqueur de la Mort comme dans Euripide ; mais on le voit aussi dans la suite vainqueur de son amour & de luy-mesme.

Aristippe. Ie vous passe l'amour d'Hercule ; mais que me direz-vous pour authoriser la passion & la perfidie de Lycomede.

Cleon. Ie vous diray qu'étant necessaire de donner une cause à la mort d'Admette, plus belle qu'une maladie ordinaire, & qui engageast davantage Alceste à mourir, on ne pouvoit peut-estre rien feindre de plus ingenieux, que de le faire blesser à mort en combattant pour la retirer des mains d'un Rival qui la luy avoit enlevée par trahison ; parce que ces sentimens de tendresse sont bien plus seans en la personne de deux Amans qui viennent de se donner la main, qu'entre des Epoux déja avancez sur l'âge.

ARISTIPPE. Ie vous passe encore si vous voulez l'amour de Lycomede : mais il faut demeurer d'accord, que les amours de Cephise & son inconstance, ont quelque chose d'abominable : Car outre que c'est un Episode qui n'a aucune liaison avec la Piece, & qui est tres-mal placé en cét endroit, il est tres-indigne d'une Piece aussi serieuse que celle-cy. Et si vous avez eu quelque raison de blâmer la tromperie galante qu'Hercule fait à Admette en luy amenant Alceste voilée; parce, disiez-vous, que la chose estoit trop enjoüée. Comment pourrez-vous soûtenir les badineries d'une Suivante & de ses Amans, veu que la tromperie d'Hercule est essentielle à la Piece, & que les amours de Cephise n'ont aucun rapport avec l'Histoire d'Alceste.

CLEON. Vous vous souviendrez, s'il vous plaist, que quand j'ay parlé contre la tromperie d'Hercule, ç'a esté principalement parce que le mensonge, quel qu'il soit, ne peut convenir à un Heros; & que si j'ay trouvé la chose un peu trop enjoüée, c'est parce qu'elle se passe entre les principaux Personnages de la Piece. De sorte que bien loin de blâmer l'Episode enjoüé des Amours & de l'Inconstance de Cephise, je le loüe extremement, parce que les choses agreables de cette Scene sont dites par des personnes du commun, une Suivante & des Confidents, & que ces mesmes choses font une tres-belle varieté. De plus, rien n'est de mieux lié ny de plus naturel au sujet. On sçait que c'est une des regles principales de la Rethorique, de relever le merite des vertus par l'opposition des vices qui leur sont contraires. Estant donc quetion de mettre en son jour la beauté de la constance & de la fidelité conjugale, il estoit de l'industrie du Poëte de donner un exemple d'inconstance & d'infidelité qui inspirast de la haine & du mépris pour cette foiblesse de l'esprit humain. Et de mesme que la constance se trouve placée en la personne d'une Heroïne, il a esté de la prudence de mettre l'inconstance & la legereté dans l'ame d'une personne vulgaire. Mais cét Episode n'est seulement pas joint à la Piece par la necessité qu'il y avoit d'opposer le vice à la vertu, il y est joint encore, en ce que Cephise est confidente d'Alceste, & que dans la suite elle

elle sert à establir une verité, qu'on ne veut point mourir à quelque âge que ce soit, & de quelque condition qu'on puisse estre. Car en mesme temps que Pheres pere d'Admette refuse de mourir, parce qu'il est trop vieux; elle refuse aussi de quitter la vie, parce qu'elle est trop jeune; Ainsi sans faire venir des personnes de tous âges & de toutes conditions, qui s'excusent de mourir pour Admette; Pheres d'un costé qui est un homme de qualité extremement vieux, & Cephise d'un autre costé qui est une fille de peu de naissance, & extremement jeune, representent en quelque sorte tous les differens âges, conditions, & qualitez imaginables; & semblent asseurer que toutes les autres personnes du monde feroient la mesme chose.

Aristippe. Ie n'ay rien à reprendre aux belles choses que vous dites, je les croy tresbonnes; mais je suis bien trompé si les petites chansons qui s'y disent ne sont tres-mauvaises.

Cleon. Seroit-ce à cause qu'elles ne valent rien, que tout le monde les sçait par cœur & les chante de tous côtez. Vous en croirez ce qu'il vous plaira; mais je ne tiens rien de plus impossible que de faire chanter à tout Paris une chanson qui ne vaut rien. Est-ce que celle qui a pour refrain; *Si l'Amour a des tourmens, c'eſt la faute des Amans.* Celle où il y a; *l'Amour tranquille s'endort aiſément,* & cinq ou ſix autres de cette force, vous déplaiſent. Ie ſerois bien fâché de n'y prendre pas plaiſir; & bien loin que j'aye du dégouſt pour ces petites chanſons, qui eſtant ſeparées de la Piece, ont un ſens parfait & à l'uſage de beaucoup de perſonnes, & qui concourent neantmoins à compoſer le corps de l'Œuvrage, je les regarde comme des pierreries qui toutes ſeparément ſont precieuſes, & qui ne laiſſent pas d'entrer en la compoſition d'une Couronne, ou de quelque autre ouvrage de grand prix.

Il s'agit d'examiner presentement, si l'Autheur est loüable de mettre Admette en peril de mort par une blessure, plustost que par une maladie ordinaire. Mais comme nous en avons déja parlé, j'ajoûteray seulement qu'il eust esté moins agreable de voir venir sur le Theâtre un vieux mary attenué de maladie, & dans l'équipage d'un homme malade, que de voir un jeune homme qui vient d'estre blessé, & qui porte encore les mesmes habits qu'il avoit au combat. De plus, comme la convalescence subite & miraculeuse d'Admette doit changer entierement son visage & toute sa personne ; la chose auroit peut-estre esté plus difficile à representer.

Ie ne croy pas qu'on puisse estre blâmé, d'avoir introduit Apollon qui promet d'élever un Temple & une Statuë pour recompenser celuy qui voudra mourir pour son Prince ; Outre qu'il est tres-convenable de faire proposer par les Dieux des recompenses pour les actions d'une vertu extraordinaire , ce Monument fait une Decoration tres-belle & tres-surprenante. La Statuë d'Alceste qui se trouve élevée dans le Temple, sert à apprendre à Admette que c'est Alceste mesme qui est morte pour luy ; ce qui épargne un long recit, qui n'auroit pû estre que tres-ennuyeux en musique. Vous en penserez ce qu'il vous plaira ; mais peut-estre ne s'est-il jamais rien fait de plus heureux ny de plus propre au Theâtre que cét endroit. Aristote remarque, comme une des plus belles choses qui se puissent imaginer, l'endroit de Lantigone, où Hemon fils de Cron Roy de Thebes, passionnément amoureux de cette Princesse que son pere tenoit prisonniere, ayant enfin obtenu de l'épouser, court à la prison pour la delivrer, & luy dire le sujet de leur commune joye, & où ayant fait ouvrir les portes, il la trouve qui s'étoit fait mourir de desespoir,

Aristote dit, que ce passage subit d'une grande joye à une grande douleur à la veuë d'un spectacle aussi triste que celuy-là, produit dans l'esprit des Spectateurs tout l'effet que le Theâtre se propose, qui est d'émouvoir souverainement l'horreur & la compassion en mesme temps. Ie ne sçay si je me trompe; mais il me semble que ces mouvemens qu'Aristote desire sur toutes choses dans la Tragedie, doivent estre moins forts & moins violens dans Hemon que dans Admete, qui tout à coup par la veuë de cette figure connoist la grandeur de son infortune, & qui comblé de joye d'avoir recouvré la vie pour la passer avec sa chere Alceste qu'il cherche de tous costez, trouve que non seulement elle est morte, en quoy il est au mesme estat que le fils du Roy de Thebes; mais qu'elle est morte pour luy: ce qui augmente infiniment sa douleur, & le rend bien plus inconsolable que Hemon, qui à la verité avoit perdu une Maistresse dont il pouvoit croire estre aimé; mais dont il n'avoit point receu d'aussi grandes marques d'amour, qu'Admette en avoit receu d'Alceste.

La derniere chose que nous avons à remarquer, de celles que nostre Autheur a inventées, est, ce me semble, la victoire qu'Alcide remporte sur luy-mesme, en cedant Alceste qu'il aimoit, & qui luy appartenoit par droit de conqueste, à Admette son époux. Cette circonstance ajoûte, à mon sens, une grande beauté à la Piece, en y ajoûtant une espece de nœud & de dénouëment episodique qui redouble l'attention & le plaisir des Spectateurs. C'estoit une grande difficulté de retirer Alceste du tombeau, & voila le nœud principal de la Piece : Mais c'en est une seconde encore fort grande, de faire qu'Hercule se departe de son amour, sans quoy on auroit peu de joye de voir revivre Alceste. Hercule par la force de son bras dompte les Enfers & rameine Alceste, & c'est là le dénouëment principal de la Piece. Ensuitte par la vertu heroïque de son ame, il se dompte luy-mesme, en preferant la gloire aux charmes de l'amour ; & c'est là le dénouëment de l'episode: Ainsi l'on peut dire que cét incident rend la Fable en quelque façon double, de simple qu'elle estoit ; Et au lieu qu'Euripide ne traitte que les amours d'Admette & d'Alceste, nostre Autheur traitte encore, si cela se peut dire, les amours d'Hercule & de la Gloire sa veritable Maistresse ; D'où il arrive que la joye & les plaisirs sont tous pour Admette, qui represente un homme ordinaire & du commun, Et que la Gloire

est le partage d'Hercule qui represente les Heros & les hommes extraordinaires. De plus,
cét évenement accomplit ad-
mirablement le caractere
d'Hercule. C'estoit un demy
Dieu qui avoit de la foiblesse
mêlée avec ses grandes & di-
vines qualitez; c'est pourquoy
l'ayant veu dans le commencement de la Piece combattu
de sa passion, & dans la suitte
mesme se laisser aller jusques à
vouloir bien prendre la femme
de son amy ; ce qui estoit un
effet de sa foiblesse; On voit
sur la fin qu'il revient à luy, &
que se souvenant que le Ciel
l'a donné à la Terre pour faire
de grandes actions; pour dom-
pter les Monstres & les Tyrans,

la Mort & les Enfers, il doit aussi se surmonter luy-mesme, & ajoûter cette victoire à toutes les autres. Aussi la Tragedie finit-elle par ces beaux Vers
*Triomphez genereux Alcide,*
*Vivez en paix heureux Epoux,*
qui marquent le sujet & la substance de toute la Piece.

ARISTIPPE. Cette remarque me semble un peu trop subtile, & je doute que personne l'ait encore faite.

CLEON. Ie n'en sçay rien; mais je suis persuadé que si ces sortes d'ouvrages ne contiennent quelque moralité, ce sont de vains amusemens indignes d'occuper l'attention d'un esprit raisonnable.

ARISTIPPE. Cela pourroit

bien eſtre; mais je crains que vous ne prouviez rien pour prouver trop. Car ſi l'on vous en croit, noſtre Autheur a mieux fait qu'Euripide; Et il ſe trouvera que non ſeulement on égale aujourd'huy les Anciens, mais que l'on les ſurpaſſe, ce qui à mon ſens eſt le plus étrange paradoxe qui ſe puiſſe jamais faire.

Cleon. Vous avez pû remarquer que quand j'ay loüé noſtre Autheur de n'avoir pas imité Euripide en pluſieurs endroits, ce n'a pas eſté parce que je trouve ces endroits-là abſolument mauvais; mais parce qu'ils ne ſont pas conformes aux mœurs de noſtre Siecle. Ainſi, quelques bons

& quelques divins que soient les sentimens d'Euripide, par rapport aux mœurs de son temps, les Critiques ont eu peu de raison de blâmer nôtre Autheur de ne les avoir pas employez dans sa Piece, parce qu'il ne suffit pas que les choses soient bonnes en elles-mesmes ; il faut qu'elles conviennent aux lieux, au temps, & aux personnes ; ainsi, vous ne me devez point reprocher d'avoir mal-traité Euripide. Ce n'est pas, à vous dire le vray, que je sois extremément persuadé de la divinité des Anciens, ny que j'encense aveuglement toutes les choses qu'ils ont dites. C'estoient asseurément de grands genies, qui ont tres-bien fait en leur temps, où ils auroient encore esté admirez quand ils auroient moins fait : Mais de vouloir, parce qu'ils ont esté les premiers Hommes de leur Siecle, qu'ils le soient eternellement de tous les Siecles qui suivront, c'est dequoy je ne demeure pas d'accord. Ie veux bien avoüer, si vous le voulez, que les Autheurs anciens ont eu plus de genies que ceux de ce temps icy pour la description des choses de la Nature, des sentimens du cœur de l'homme, & pour tout ce qui regarde l'expression. Mais comme dans les ouvrages de l'esprit il y a d'autres choses encore à observer, comme la bien-seance, l'ordre, l'œconomie, la distribution, & l'arrangement de toutes les parties; ce qui demande une infinité de preceptes, qui ne peuvent estre trouvez que par une longue suite d'experiences, de reflexions, & de remarques; il se pourroit faire que les derniers Siecles ont de l'avantage en ces sortes de choses, parce qu'ils ont profité du travail & de l'estude de ceux qui les ont precedez. Cette matiere est peut-estre une des plus importantes qui se puisse traiter parmy les gens de lettres, & qui meriteroit davantage d'estre examiné; Parce que si d'un costé le mépris des Anciens est une disposition tres-mauvaise pour ceux qui estudient; d'un autre costé,

le

le mépris qu'on fait des Modernes, est aussi d'une fâcheuse consequence, à cause de la juste indignation qu'en peuvent concevoir les habiles gens de ce Siecle, qui se sentant un genie vigoureux & un jugement solide, ne daigneroient travailler connoissant l'injustice qu'on ne manquera pas de leur faire, & qu'Horace se plaint qu'on luy a faite, en preferant les moindres ouvrages des Anciens, aux plus belles choses qu'ils pourront jamais faire.

ARISTIPPE. Nous ne resoudrons pas aujourd'huy cette question-là; mais faites-moy justice de ces Divinitez qui viennent à tous momens se presenter sur le Theâtre, sans qu'il en soit aucun besoin. Licomede enleve Alceste, & aussi-tost Thetis paroist avec les Aquilons pour exciter la Tempeste. A peine la Tempeste est-elle connuë, qu'Eole paroist avec les Zephirs pour l'appaiser. Quand Alcide veut aller aux Enfers, Diane seulement vient, pour luy dire que Mercure va luy ouvrir un passage pour y descendre. Est-ce pas aller directement contre le precepte d'Horace, qui condamne ces Dieux de Machines, & qui ne les souffre que pour un dénoüement qui ne se puisse faire par les voyes ordinaires & naturelles. Aussi Euripide s'est-il bien donné de garde de s'en servir.

CLEON. Un des grands défauts des demy-Connoisseurs est, de n'entendre qu'à demy, ou d'appliquer mal les preceptes d'Aristote & d'Horace. Celuy que vous venez d'alleguer est tres-bon, & doit estre indispensablement observé dans les Comedies & dans les Tragedies ; mais non pas dans les Opera ou Pieces de Machines, qui n'estant point en usage du temps d'Horace, ne peuvent estre sujettes aux Loix qui en ont esté faites de ce temps-là. Aristote & les autres qui ont traité des Pieces de Theâtre, ont dit qu'il y avoit deux choses particulierement à y observer, qui sont

F ij

le vray-semblable & le merveilleux, avec cette difference, que dans la Comedie il ne doit y avoir rien que de vray-semblable; au lieu que la Tragedie admet le merveilleux, mais avec moderation, en sorte que si l'on est obligé d'y mêler quelques incidens surnaturels, & d'introduire quelques Divinitez, il y paroisse de la necessité; Et voila en quel sens l'on doit entendre le precepte dont nous parlons. Pour rendre la division du Poëme dragmatique parfaite, il faloit que comme une des especes, qui est la Comedie, n'admet que le vray-semblable, c'est à dire, que des évenemens naturels & ordinaires, il y eust une espece opposée qui n'admist que des évenemens extraordinaires & surnaturels, & c'est ce que font les Opera & Pieces de Machines pendant que la Tragedie tient le milieu, estant mélée du merveilleux & du vray-semblable. De là vient que les plus grands défauts d'une Comedie font les plus grandes beautez d'une Piece de Machine. En effet, rien n'est plus vicieux dans une Piece ordinaire, que le changement de Scene; & rien n'est si beau dans les Machines, que ce mesme changement; non seulement d'un lieu de la Terre à un autre; mais de la Terre au Ciel, & du Ciel aux Enfers. Rien n'est moins supportable dans une Comedie, que de dénoüer l'Intrigue par un miracle, ou par l'arrivée d'un Dieu dans une Machine; Et rien n'est plus beau dans les Opera, que ces sortes de miracles & d'apparitions de Divinitez, quand il y a quelque fondement de les introduire.

ARISTIPPE. Tout ce que vous dites-là me semble tresbon; mais d'où vient encore une fois, que s'il y a tant de belles choses dans l'Alceste de vostre Autheur, personne ne les y voit que vous.

CLEON. Il n'y a gueres de personnes qui ne les vist aussi bien & mieux que moy, s'il vouloit les regarder sans prevention ou sans une trop grande crainte de se méprendre. Au lieu de se demander à soy-mesme si la Piece est bonne, si elle divertit, si elle touche, si elle émeut, ce qu'il seroit bien-aise de sçavoir, on s'empresse de demander ce qu'en pensent les Connoisseurs ; Et l'on ne considere pas que bien souvent ces pretendus Connoisseurs ne s'y connoissent guere, ou qu'ils ont des raisons pardevers eux d'en parler contre leur connoissance.

Aristippe. J'ay pourtant oüy dire qu'il faut croire chacun dans son Art, & qu'il y a du peril à juger des choses qu'on ne connoist pas.

Cleon. Ce que vous dites est tres-veritable, aussi confeillerois-je en ce qui regarde la Poësie, de s'en rapporter à ceux qui en ont fait une estude particuliere, s'il estoit bien seur qu'ils parlassent sincerement. Mais ces Maistres de l'Art sont tres-rares, & à la reserve de quelques-uns qui sont fort habiles, je m'en fierois bien plus à un galand homme de bon sens, qu'à un Sçavant pretendu qui auroit beaucoup, mais mal estudié cette matiere. Car en fait de Poësie, & de ce qui regarde la science du Theâtre, il n'est rien de si aisé que de s'y tromper, quand on veut y entendre trop de finesse; & de mal expliquer les preceptes d'Aristote & d'Horace, qui ne causent pas moins de desordre & de confusion dans une cervelle mal tournée, qu'ils apportent de lumiere dans un esprit bienfait & né pour ces sortes de connoissances. Il faut considerer que les Comedies ne sont pas faites pour plaire seulement aux habiles, mais à tous les honnestes gens que Terence appelle le Peuple, & que, suivant son témoignage, elle est parvenuë à sa fin, si elle a sçeu leur plaire. Quand un galand homme, qui n'aura jamais leu Aristote ny Horace, me dira qu'une Piece luy a plû, qu'elle a attiré agreablement toute son attention, qu'il en a tres-bien compris le nœud ; qu'il en a eu de l'inquietude; qu'enfuitte il a veu le dénoüement avec joye, & qu'il est sorty de la Comedie avec un grand desir de rencontrer quelqu'un de ses amis pour la luy raconter; je croiray que la Piece que ce galand homme a veuë, est bonne, & ce témoignage sera plus fort à mon égard, que toutes les raisons des demy Sçavans. Car la difference qu'il y a entre un homme sçavant, & un homme qui ne l'est pas, quand le bon sens est égal de part & d'autre, ne va point à leur faire ressentir diversement l'effet de la Comedie; ils se divertiront ou s'ennuyeront également à une Piece, avec cette difference seulement, que le Sçavant pourra dire pourquoy il s'est ennuyé, & pourquoy il s'est diverty ; & que le galand homme qui n'a pas fait d'étude & de reflexions sur l'Art Poëtique, ne le pourra dire.

Nous avons donc grand tort de renoncer à un jugement presqu'infaillible, que chacun de nous a dans soy-mesme, quand on est un peu raisonnable, pour nous laisser conduire aveuglement à des gens interessez ou prevenus, qui se mocquent de nous, & qui s'applaudissent en mesme temps du credit qu'ils ont de faire pancher où il leur plaist les suffrages de tout le monde.

G ij

ARISTIPPE. Ce que vous me dites-là me semble d'assez bon sens, & je pourrois bien estre moy-mesme une de ces duppes dont vous parlez: Car à vous dire franchement, & je vous l'ay déja avoüé, j'avois trouvé l'Opera beau, & m'y estois bien diverty. Quoy qu'il en soit, je veux essayer de la methode que vous proposez, & voir comment je m'en trouveray.

CLEON. Vous vous en trouverez bien, croyez-moy; & si tout le monde en use comme vous, deux ou trois Poëtes suelement pourront en souffrir un peu, parce qu'on pourra trouver belles d'autres Pieces que les leurs: Mais tout le monde en aura plus de divertissement & de satisfaction.

*F I N.*

———————

Permis d'Imprimer. Fait le 16. de Iuillet 1674.
DE LA REYNIE.

www.ingramcontent.com/pod-product-compliance
Lightning Source LLC
LaVergne TN
LVHW020948090426
835512LV00009B/1764